W9-ASL-444

MIS PRIMEROS LIBROS

A VECES LAS COSAS CAMBIAN

por Patricia Eastman

CHILDRENS PRESS®

CHICAGO

1999

C.1

9.95

Library of Congress Cataloging in Publication Data

Eastman, Patricia.
  A veces las cosas cambian.

  (Mis primeros libros)
  Se incluye una lista de palabras.
  Resumen: A veces las cosas cambian su forma original:
la oruga se transforma en mariposa, un arroyuelo se
transforma en río, una palabra se transforma en cuento,
un extraño se convierte en amigo y un bebé se transforma
en la persona que eres hoy en día.
  [1. Cambios—Ficción] I. Fleishman, Seymour, il.
II. Título. III. Serie.
PZ7.E1315So 1983 [E]   83-10090
ISBN 0-516-32044-0

Childrens Press®, Chicago
Copyright © 1988, 1983 by Regensteiner Publishing Enterprises, Inc.
All rights reserved. Published simultaneously in Canada.
Printed in the United States of America.
   3 4 5 6 7 8 9 10 R 97 96

A veces las cosas cambian.
Las mariposas
fueron una vez . . .

orugas.

Las ranas . . .

5

fueron renacuajos.

Las tortugas . . .

fueron huevos.

A veces las cosas cambian
de lo que eran al principio.
¿Sabías que las pasas
fueron una vez . . .

uvas?

Sí, lo fueron.

Los
árboles . . .

11

fueron semillas.

Las flores . . .

fueron botones.

Tú . . .

fuiste un bebé.

A veces las cosas cambian
de lo que eran al principio.
¿Sabías que los ríos
fueron una vez . . .

chorritos?

Sí, lo fueron.

Una gota de agua . . .

19

fue un océano.

Un copo de nieve . . .

fue una nube.

A veces las cosas cambian
de lo que eran al principio.
Una canción fue una vez . . .

23

una nota.

Un cuento . . .

Erase una vez

fue una palabra.

Un dibujo . . .

fue una línea.

A veces las cosas cambian
de lo que eran al principio.
¿Sabías que un amigo
fue una vez . . .

un desconocido?
Sí, lo fue.

LISTA DE PALABRAS

a	de	los	ríos
agua	desconocido	mariposas	sabías
al	dibujo	nieve	semillas
amigo	eran	nota	sí
árboles	flores	nube	tortugas
bebé	fue	océano	tú
botones	fueron	orugas	un
cambian	fuiste	palabra	una
canción	gota	pasas	uvas
copo	huevos	principio	veces
cosas	las	que	vez
cuento	línea	ranas	
chorritos	lo	renacuajos	

Sobre la autora

Patricia Eastman nació en Nueva York, pero se crió en los suburbios al noroeste de Chicago. Empezó a escribir durante sus años en la universidad y su primer libro publicado, *A veces las cosas cambian*, fue originado por un proyecto que tuvo que hacer como tarea. Pat estudió educación infantil y actualmente está tratando de establecer su propio jardín de infantes. Aunque no tiene hijos, le gustan mucho los niños pre-escolares. Patricia se interesa en la música, la cocina, el esquí, viajar y en el teatro.

Sobre el ilustrador

Seymour Fleishman ha ilustrado más de cincuenta libros para niños, varios de los cuales también escribió. Vive, con su esposa, Esther, y su perro (cuya raza es desconocida) en una grande y antigua casa victoriana, en Chicago. Tienen dos hijas adultas. En su tiempo libre, el señor Fleishman se dedica a la jardinería, a hacer trabajos de carpintería en su casa y a acampar.